URSULA WÖLFEL Achtundzwanzig Lachgeschichten

Ursula Wölfel

Achtundzwanzig Lachgeschichten

Mit Bildern von Bettina Anrich-Wölfel

Hoch-Verlag · Düsseldorf

Die Geschichte
vom Kind, das immer lachen mußte

Einmal war ein Kind so lustig, daß es immer lachen mußte. Das Kind ist mit dem Großvater spazierengegangen, da hat es einen tollen Regen gegeben. Sie hatten keine Mäntel und keinen Schirm, darum haben sie sich mit den anderen Leuten in einen Hauseingang gestellt. Die Leute haben über den Regen geschimpft, aber das Kind hat nur gelacht. Der Regen vom Dach ist auf Großvaters Hut getropft, und dort ist er stehengeblieben wie in einer Schüssel. Und als der Hut ganz voll Regenwasser war, ist es übergeschwappt und dem Kind in den Kragen gelaufen. Da mußte das Kind noch mehr lachen, und der Großvater hat auch gelacht. Dann ist ein Lastwagen vorbeigefahren und hat alle Leute voll Schlamm gespritzt, und das Kind war von oben bis unten naß und dreckig. Die Leute wollten schon wieder schimpfen, aber das Kind mußte nur noch mehr lachen, und der Großvater mußte auch lachen, und da konnten die Leute nicht mehr schimpfen. Sie mußten alle mitlachen.

Die Geschichte vom Floh und dem Affen

Einmal hat ein Floh einen Affen am Bauch gezwickt. Da hat der Affe sich mit der Hand auf den Bauch geklatscht, daß es nur so geknallt hat. Aber der Floh war ihm schon längst auf die Schulter gehüpft. Da hat der Affe sich selbst in die Schulter gebissen, so fest, daß er den Mund ganz voll Haare hatte. Aber der Floh war ihm schon längst auf den Rücken gehüpft. Der Affe wollte ihn packen, er hat sich rund und rund um sich selbst gedreht, bis ihm schwindelig war. Aber der Floh war nur gerade ein Stückchen tiefer gehüpft und ist über den Affenpopo gekrabbelt. Der Affe hat sich schnell auf die Erde gesetzt. Er hat gelacht und gedacht: „Jetzt hab' ich ihn!" Aber da hat der Floh den Affen von unten gezwickt. Der Affe ist schnell wieder aufgesprungen und hat mit beiden Händen auf sein eigenes Hinterteil geschlagen, immer schneller, immer fester. Aber der Floh war ihm schon längst auf den Kopf gehüpft. Dort hat er gesessen und zugesehen, wie der Affe sich selbst verhauen hat.

Die Geschichte von der Maus im Laden

Einmal ist eine Maus nachts in den Laden gelaufen. Sie hat all die guten Sachen gerochen: Butter und Speck und Wurst und Käse und Brot und Kuchen und Schokolade und Äpfel und Nüsse und frische Möhren. Zuerst hat sie sich auf die Hinterbeine gesetzt und das Schnäuzchen in die Luft gestreckt und vor Freude gepfiffen. Aber womit sollte sie jetzt anfangen? Sie wollte gerade an einem Butterpaket knabbern, da hat es von der einen Seite so gut nach Speck gerochen, und von der anderen Seite hat es so gut nach Käse gerochen! Sie wollte gerade am Käse knabbern, da hat es von der einen Seite so gut nach Wurst gerochen, und von der anderen Seite hat es so gut nach Schokolade gerochen! Sie wollte gerade an der Schokolade knabbern, da hat es von der einen Seite so gut nach Kuchen gerochen, und von der anderen Seite hat es wieder so gut nach Butter gerochen! Die arme Maus ist immer hin und her gerannt. Sie wußte und wußte und wußte nicht, was sie zuerst fressen sollte. Und auf einmal war es hell, und die Leute sind in den Laden gekommen. Sie haben die Maus nach draußen gejagt. Die hat zu den anderen Mäusen gesagt: „Nie mehr gehe ich in den Laden! Wenn man gerade anfangen will zu fressen, wird man weggejagt!"

Die Geschichte von der Blumennase

Einmal war ein Junge immer sehr brav. Er hat sich nie schmutzig gemacht, und er hat nie häßliche Wörter gesagt, und seine Fingernägel waren immer sauber. Er wollte das bravste Kind der Welt sein. Er hat auch nie in der Nase gebohrt, auch nicht heimlich. Natürlich hatte er auch Dreck in der Nase, wie alle Leute. Und weil er nie in der Nase gebohrt hat, war in seiner Nase noch viel mehr Dreck als bei allen anderen Leuten. Und eines Tages, im Sommer, sind dem Jungen Blumen und Gras aus den Nasenlöchern gewachsen, wie aus zwei umgedrehten Blumentöpfen! Der Junge war sehr stolz auf seine Blumennase. Aber die Kinder haben ihn ausgelacht, und die Leute haben gesagt: „Pfui! Warum macht er sich denn die Nase nicht sauber?" Das konnte der Junge gar nicht verstehen. Er hat den Kopf geschüttelt. Dabei haben die Blumen und das Gras ihn so gekitzelt, daß er niesen mußte. Er hat alle Blumen und alles Gras herausgeniest. Die Kinder und die Leute haben gelacht, und der Junge ist weggerannt. Aber jetzt hatte er doch endlich eine saubere Nase.

Die Geschichte von den Brüllstieren

Einmal waren zwei Stiere auf einer Wiese. Sie wollten den Kühen zeigen, wie stark sie waren. Der eine hat gebrüllt: „Ich bin stärker als du! Ich kann dich umrennen, wenn ich will!" Und der andere hat gebrüllt: „Nein, ich bin stärker! Ich kann dich mit den Hörnern in die Luft werfen, wenn ich will!" Und die Kühe haben am Zaun gestanden und gestaunt, und die Stiere haben weitergebrüllt. Der eine hat gebrüllt: „Ich kann dich zu Brei stampfen, wenn ich will!" Und der andere hat gebrüllt: „Ich kann dich anschnauben, daß dir dein Fell verbrennt, wenn ich will!" Und die Kühe am Zaun haben gemuht und sich gewundert. Die Stiere haben gebrüllt, bis sie heiser waren. Sie konnten nur noch piepsen und quietschen. Der eine hat geschrien: „Ich kann mit den Augen rollen, daß du vor Angst in ein Mauseloch kriechst, wenn ich will!" Und der andere hat geschrien: „Ich kann dich mit der Schwanzspitze antippen, daß du auf den Mond fliegst, wenn ich will!" Da haben die Kühe sich gelangweilt über das dumme Gebrüll. Sie haben den Stieren den Rücken zugedreht und sie allein weiterschreien lassen.

Die Geschichte von den Rosinenbrötchen

Einmal hat der Vater zum Kind gesagt: „Bitte, lauf doch schnell für mich zur Post und kauf mir dreißig Briefmarken." Und die Mutter hat gesagt: „Auf dem Rückweg kannst du beim Bäcker drei Rosinenbrötchen holen." Das Kind ist mit dem Geld fortgegangen. Es war gar nicht weit bis zur Post. Aber die anderen Kinder haben auf der Straße gespielt, und das Kind hat ihnen zugesehen und ein bißchen mitgespielt. Dann ist es zur Post gelaufen. Es hat drei Briefmarken gekauft, und dann hat es beim Bäcker dreißig Rosinenbrötchen geholt, zwei große Tüten voll, das Kind konnte sie kaum schleppen. Der Vater hat gelacht und gerufen: „Jetzt muß ich Rosinenbrötchen auf meine Briefe kleben!" Und die Mutter hat auch gelacht und schnell Kaffee gekocht, und sie haben Rosinenbrötchen gegessen, bis sie Bauchweh hatten.

Die Geschichte von der Schneekatze

Einmal ist im Winter viel Schnee gefallen, und die Kinder haben einen Schneemann gebaut und gerodelt und eine Schneeballschlacht gemacht. Die Katze hat einen Schneeball rollen sehen. Sie wollte mit dem runden Ding spielen. Sie hat den Schneeball mit den Pfoten hin und her gekugelt, und immer mehr Schnee ist daran klebengeblieben, und der Schneeball ist immer dicker geworden, und dann ist er den Berg hinuntergerollt. Die Katze ist ihm nachgesprungen, sie wollte ihn festhalten. Aber der Schneeball ist immer noch dicker und schwerer geworden und immer noch weitergerollt, und die Katze hat ihn nicht losgelassen. Da mußte sie mitrollen und mitrollen, bis unten an den Berg. Endlich ist der Schneeball liegengeblieben. Er war so dick wie ein Kartoffelsack geworden, und oben hat der Katzenkopf herausgeguckt! Die Kinder haben gelacht. Jetzt hatte der Schneemann eine Schneekatze! Dann haben sie die Katze schnell aus dem Schnee geholt und ins warme Haus gebracht.

Die Geschichte vom klugen Kamel

Einmal hat ein Mann ein Kamel gestohlen. Er ist einfach damit fortgeritten. Die Leute haben zuerst nichts davon gemerkt. Sie haben noch geschlafen. Der Mann ist auf dem Kamel durch die Wüste geritten, und es war sehr heiß in der Wüste. Der Mann war müde. Er hat sein Zelt aufgeschlagen und sich in den Schatten gelegt. Da hat das Kamel sich etwas ausgedacht. Es ist auch in das Zelt gekrochen. Der Mann hat geschrien, er hatte Angst. Das ganze Zelt war voll Kamel! Und der Mann konnte nicht mehr hinaus, das riesige Tier hat doch vor dem Zelteingang gelegen. Der Mann war in seinem eigenen Zelt gefangen, er hat gezappelt und geheult. Aber darum hat das Kamel sich gar nicht gekümmert. Es ist liegengeblieben wie ein Berg, es hat auf die Leute gewartet. Die haben das Kamel schon gesucht, und sie konnten von weitem das Geschrei hören. Die Leute haben den Mann verprügelt und weggejagt, und dem Kamel haben sie Zucker gegeben, und alle haben es gelobt, weil es solch ein kluges Kamel war.

Die Geschichte vom Frosch und dem Brummer

Einmal wollte ein Frosch eine Fliege fangen, einen dicken blauen Brummer. Der hat auf einer alten Blechdose gesessen und sich mit den Hinterbeinen die Flügel geputzt. Schlupp — hat der Frosch seine lange Zunge herausgestreckt und nach dem Brummer geschnappt. Aber der war schon weg. Er hat auf einer Blume gesessen und sich mit den Vorderbeinen den Kopf geputzt. Der Frosch ist hinterhergehüpft. Schlupp — hat er die lange Zunge herausgestreckt und nach dem Brummer geschnappt. Aber der war schon wieder weg. Er hat auf einem Ast gesessen und sich mit dem rechten Hinterbein das linke Hinterbein geputzt. Der Frosch ist mit einem riesigen Hüpfer auf den Baum gesprungen. Schlupp — hat er die lange Zunge herausgestreckt und nach dem Brummer geschnappt. Aber der war schon wieder weg. Er hat tief unten auf einem Grashalm am Teich gesessen und sich mit dem linken Vorderbein das rechte Vorderbein geputzt. Da ist der Frosch von oben auf ihn losgesprungen und hat das Maul aufgerissen und die Zunge vorgestreckt. Platsch — ist er in den Teich gesaust. Aber da hatte er nur den Grashalm und kaltes Wasser im Maul. Und der Brummer ist ihm um den Kopf gebrummt. „Dummer Hupfer, dummer Hupfer, dummer, dummer!" hat er gebrummt. Und dann hat er sich wieder auf die Blechdose gesetzt und mit dem rechten mittleren Bein das linke mittlere Bein geputzt und auf den Frosch gewartet.

Die Geschichte vom eiligen Mann

Einmal war ein Mann so eilig, daß er am liebsten gar keine Zeit für irgend etwas brauchen wollte. Morgens ist er aus dem Haus gerannt und in den Autobus gestiegen. Aber der Autobus ist ihm viel zu langsam gefahren. An der nächsten Haltestelle ist der Mann wieder auf die Straße gesprungen und vor dem Autobus hergerannt. An der Kreuzung war gerade die Ampel rot, aber der Mann hatte gar keine Zeit, irgend etwas zu merken. Er ist weitergerannt. Die Autos haben gehupt, die Leute haben geschrien. Aber das hat der Mann nicht mehr gehört. Er war schon an der nächsten Straßenkurve, und vor Eile ist er einfach geradeaus weitergelaufen, mitten durch ein Haus! Eine Familie wollte gerade frühstücken, und der Mann ist über den Tisch gesprungen und hat die Tassen und Teller hinuntergeworfen, und schon war er wieder zur Tür hinaus. Eine andere Familie hat noch geschlafen, da ist der eilige Mann über die Betten getrampelt, und schon war er wieder zum Fenster hinaus. Er hatte auch gar keine Zeit: „Entschuldigen Sie bitte!" zu sagen. Jetzt war er in einem Hof, der hatte ringsum hohe Mauern, und der Mann hat vor Eile das Tor nicht gesehen. Er ist mit dem Kopf gegen die Mauer gerannt. Aber er hatte ja keine Zeit, über irgend etwas nachzudenken, darum hat er sich einfach nur umgedreht und ist wieder zurückgerannt: durch das Haus, über die Kreuzung und die Straße entlang, bis er auf einmal wieder zu Hause war. Da hat er sich gewundert!

Die Geschichte vom Schnuller

Einmal sollte ein Junge auf das Brüderchen achtgeben. Die Mutter war einkaufen gegangen. Zuerst hat das Brüderchen geschlafen, aber dann ist es aufgewacht und hat geweint. Es wollte seinen Schnuller haben. Der Junge hat den Schnuller im Bettchen gesucht. Er hat alle Tücher und Decken und Kissen herausgeholt. Aber da war der Schnuller nicht, und das Brüderchen hat am Gitter gerüttelt und geschrien. Der Junge hat das Brüderchen auf den Teppich gesetzt. Er hat ihm den Teddy und die Ente und den Ball gegeben. Aber das Brüderchen hat alles weggeschmissen und noch lauter geschrien. Der Junge hat den Schnuller in der Schublade vom Tisch gesucht, er hat die ganze Schublade ausgekippt. Aber da war der Schnuller auch nicht, und das Brüderchen ist durchs Zimmer gerutscht und hat gebrüllt. Der Junge hat alle Kleider und Mäntel aus dem Schrank geräumt, und da hat er endlich den Schnuller gesehen: Oben auf dem Schrank! Er ist auf einen Stuhl geklettert und vom Stuhl auf den Schrank. Aber da hat das dumme Brüderchen vor Ungeduld den Stuhl umgeworfen, und der Junge mußte oben sitzenbleiben, und das Brüderchen hat gebrüllt und gebrüllt. Gerade ist die Mutter gekommen. Sie hat den Jungen vom Schrank geholt und dem Brüderchen den Schnuller in den Mund gesteckt. Da war es endlich still. Und die Mutter und der Junge haben sich auf den Tisch gesetzt. Sonst war ja nirgendwo ein freier Platz im Zimmer. Sie haben Mohrenköpfe gegessen und über die große Unordnung gelacht.

Die Geschichte von der Mücke

Einmal ist eine Mücke nachts durch den Wald gesummt und hat sich etwas zu stechen gesucht. Sie hat nur das Wiesel gefunden, das hat die Mücke mit dem Schwanz verscheucht und ärgerlich gefaucht. Davon sind die Krähen aufgewacht. Sie haben gekrächzt und geschimpft und sind ein paar Bäume weitergeflogen. Dort haben sie das Häschen erschreckt, es ist vor Angst auf die Straße gerannt. Da war gerade ein Auto. Der Mann hat gehupt und geblinkt. Darüber sind die Wildschweine im Kartoffelfeld wütend geworden. Sie haben gegrunzt und sind losgerannt und haben den Gartenzaun niedergetrampelt und im Möhrenbeet gewühlt. Das Kind hat sie gehört. Es hat Licht gemacht und ist ans Fenster gelaufen. „Husch!" hat das Kind gerufen und in die Hände geklatscht. Da sind die Wildschweine schnell aus dem Garten gerannt, und das Häschen ist wieder zu seinem Nest gelaufen, und die Krähen haben die Schnäbel unter die Flügel gesteckt, und das Wiesel ist in den Bau geschlüpft. Nur die Mücke ist noch durch den Wald gesummt. Sie hat aber nichts mehr zu stechen gefunden.

Die Geschichte von der Bachstelze

Einmal ist eine Bachstelze über die Wiese gelaufen. Sie hat hier ein bißchen gepickt und da ein bißchen gepickt und mit dem Schwanz gewippt und gezwitschert. Aber der Kater ist durchs Gras geschlichen. Gerade wollte er auf die Bachstelze losspringen, da ist sie aufgeflogen, und der Kater ist auf seine Pfoten gefallen. Die Bachstelze hat sich auf einen Stein im Bach gesetzt und gezwitschert und mit dem Schwanz gewippt und ein Tröpfchen Wasser getrunken. Wieder ist der Kater herangeschlichen. Gerade wollte er wieder losspringen, da ist die Bachstelze aufgeflogen, und der Kater ist ins Wasser geplumpst. Die Bachstelze hat sich auf einen Baum gesetzt und mit dem Schwanz gewippt und gezwitschert und zugesehen, wie der Kater niesen mußte. Der wollte jetzt auf den Baum springen. Er hat sich schon geduckt und die Pfoten eingestemmt und die Krallen ausgestreckt. Da hat ihm die Bachstelze — plitsch! — ein Häufchen auf den Kopf gemacht. Der Kater hat geschrien und ist nach Hause gerannt und hat sich drei Stunden lang geputzt. Und die Bachstelze ist wieder über die Wiese gelaufen und hat gepickt und mit dem Schwanz gewippt und gezwitschert.

Die Geschichte vom Reisekind

Einmal wollte eine große Familie verreisen: Mutter, Vater und vier Kinder. Sie haben auf dem Bahnsteig gestanden, und alle waren sehr aufgeregt. Am aufgeregtesten war das kleinste Kind. Der Zug ist gekommen, und der Vater hat die Koffer genommen, die Mutter hat die Taschen genommen, und die großen Kinder haben den Korb mit den Butterbroten und das Netz mit den Apfelsinen und die Limonadenflasche und den Fotoapparat genommen. Das kleinste Kind sollte nur seinen Teddy tragen. Der Zug hat gehalten. Die Leute, die angekommen waren, sind ausgestiegen. Jetzt wollte die Familie einsteigen. Aber das kleinste Kind war nicht mehr da! Die großen Kinder sind gleich losgerannt und haben es überall gesucht: An der Treppe und beim Zeitungsverkäufer und am Schokoladenautomaten und hinter dem Gepäckwagen und sogar unter der Bank. Nirgendwo war das kleinste Kind! Die Mutter hat alle Leute gefragt, und der Vater hat sogar den Lokomotivführer gefragt. Keiner hatte das kleinste Kind gesehen! Da hat auf einmal jemand im Zug an die Fensterscheibe geklopft und gerufen: „Warum kommt ihr denn nicht?" Das kleinste Kind war nämlich schon längst im Zug! Alle haben gelacht und sind schnell mit den vielen Sachen eingestiegen, und der Zug konnte endlich abfahren.

Die Geschichte vom Springseil

Einmal haben die Kinder hinter dem Haus mit dem Ball gespielt. Da hat ein Mann das Fenster aufgemacht und geschimpft. Die Kinder sollten nicht so laut schreien. Sie sind mit den Rollern auf die Straße gegangen. Da hat der Mann wieder ein Fenster aufgemacht und geschimpft. Die Kinder sollten nicht klingeln und hupen. Sie sind mit dem langen Springseil in den Park gegangen. Jetzt wollte der Mann gerade im Park spazierengehen. Er hat wieder geschimpft. Die Kinder sollten nicht mit dem Springseil den Weg versperren. Aber die Kinder haben den Mann gar nicht gehört, sie mußten doch auf das Seil achtgeben. Da wollte der Mann den Kindern das Seil abnehmen. Er hat danach gegriffen, aber das Seil war gerade hoch in der Luft. Es hat dem Mann den Hut vom Kopf geschlagen, und dann war es unten vor seinen Beinen, und der Mann mußte springen. Das hat ihn furchtbar wütend gemacht. Er hat laut geschimpft und sich im Kreis gedreht. Da hat sich das Seil um seine Beine gewickelt, es hat sich um seinen Bauch und seine Arme gewickelt. Die Kinder und die anderen Leute im Park mußten lachen und lachen. Der Mann hat ausgesehen wie ein wütendes Paket!

Die Geschichte vom kleinen Seehund

Einmal wollte eine Seehundsmutter ihren kleinen Seehund nicht ins Wasser lassen. Sie hatte Angst. Das Meer war doch so groß, und der Seehund war so klein! Aber alle anderen kleinen Seehunde konnten schon schwimmen. Sie haben sich von den Wellen schaukeln lassen und im Wasser gespielt. Nur der eine kleine Seehund mußte immer ganz allein im Sand liegen und sich füttern lassen. Er hat sich gelangweilt, und von all dem Fressen und Faulsein ist er so dick wie ein Fußball geworden. Da ist ein Wind gekommen, und hohe Wellen sind auf den Strand geschlagen. Die Seehundsmutter wollte ihren kleinen Seehund schnell auf den Sandberg bringen. Aber er war schon viel zu dick, er konnte kaum noch watscheln. Die Mutter mußte ihn mit der Schnauze vor sich her schieben. Und als sie beide endlich oben waren, ist der kleine Seehund wieder hinuntergekugelt, weil er so rund war. Er ist vom Sandberg gerollt und ins Wasser gefallen. Zuerst war er sehr erschrocken. Er hat geprustet und geplatscht und geschnauft und gestrampelt. Und dann ist er losgeschwommen! Die Wellen haben ihn auf und ab geschaukelt, und der kleine Seehund hat vor Vergnügen gequietscht. Die Seehundsmutter wollte ihn sofort wieder zurückholen. Aber sie konnte ihn nicht mehr finden. Im Gesicht hat er doch genauso ausgesehen wie alle anderen kleinen Seehunde, und seinen dicken Bauch konnte man im Wasser nicht erkennen.

Die Geschichte vom Huhn und dem Auto

Einmal waren drei Hühner auf der Straße, die haben da so herumgescharrt und gepickt und gegackelt und an gar nichts gedacht. Da ist ein Auto gekommen. Das eine Huhn ist zum Straßengraben gerannt, und das andere ist über den Zaun geflattert. Das dritte Huhn hat nicht gewußt, was es tun sollte. Erst ist es ein Stück am Zaun hochgeflattert, dann ist es quer über die Straße zum Graben gerannt. Da hat der Mann im Auto gehupt, und das Huhn ist erschrocken und hat sich umgedreht und ist wieder zum Zaun gerannt und wieder zum Graben und wieder zum Zaun, immer hin und her. Der Mann im Auto hat gehupt und gehupt. Da ist das Huhn vor Angst mitten auf der Straße weitergerannt, immer geradeaus, und das Auto ist hinter ihm hergefahren, und der Mann hat gehupt und gehupt, immer lauter. Das Huhn wollte schnell wieder andersherum rennen, es hat sich umgedreht und ist dem Auto entgegengelaufen. Aber da ist es so erschrocken, daß es sich hinsetzen mußte. Es hat den Kopf eingezogen und die Augen zugemacht. Der Mann wollte das Huhn nicht überfahren, er hat das Auto angehalten. Und das Huhn ist aufgestanden und ganz gemütlich in den Hof zu den anderen Hühnern spaziert. Es hat den Kopf gereckt und große, stolze Schritte gemacht. „Gook! Gook!" hat es gerufen. Das sollte heißen: „Da, seht mich an! Ich habe das große Auto angehalten! Ich!"

Die Geschichte vom Papagei

Einmal waren im Zoo fünf Papageien in einem Käfig: Ein grüner mit einem roten Halsband, ein blauer mit gelben Flügeln, ein ganz blauer, ein ganz roter und ein bunter. Sie waren alle sehr schön, aber der bunte wollte der schönste sein. Die Leute sollten nur ihn ansehen, nur mit ihm sollten sie reden. Darum hat er sich immer ganz nah ans Gitter gesetzt, und er hat so laut geschrien und so schnell geschwätzt, daß niemand ihn richtig verstehen konnte. Er hat gerufen: „Bin doch so fein, doch so bunt!" Aber die Leute haben verstanden: „Bin doof, ein Ochsenhund!" Alle haben gelacht. Da war der Papagei stolz. Er hat sich um sich selbst gedreht und mit den Flügeln geschlagen. Die Leute sollten ihn von allen Seiten sehen. Und dabei hat er gerufen: „Rundum bin ich so, rundum!" Aber die Leute haben verstanden: „Und dumm bin ich, so dumm!" Alle haben noch mehr gelacht, aber der bunte Papagei hat gar nicht gemerkt, daß sie ihn ausgelacht haben. Er hat immer weitergeschrien: „Bin doof, ein Ochsenhund! Und dumm bin ich, so dumm!"

Die Geschichte von den Nilpferden

Einmal haben drei Nilpferde im Fluß gelegen und sich gelangweilt. Da ist ein Mann gekommen, der wollte die Nilpferde fotografieren. Die drei haben ihm zugesehen, wie er sich den Fotoapparat vor die Augen gehalten hat. Der Mann hat geknipst — aber da war kein Nilpferd mehr zu sehen. Sie waren untergetaucht, und der Mann hatte nur das Wasser fotografiert. Er hat gewartet. Endlich sind die Nilpferde wieder aufgetaucht. Aber sie waren jetzt viel weiter unten am Fluß. Der Mann ist schnell dorthin gelaufen. Die Nilpferde haben im Wasser gelegen und mit den Ohren gewedelt und zugesehen, wie der Mann gerannt ist. Dann hat er wieder geknipst — aber da war kein Nilpferd mehr zu sehen. Der Mann hatte wieder nur das Wasser fotografiert. Er hat sich auf einen Stein gesetzt und gewartet. Endlich sind die Nilpferde wieder aufgetaucht. Aber diesmal waren sie viel weiter oben am Fluß. Der Mann ist gleich wieder losgerannt. Die Nilpferde haben im Wasser gelegen und mit den Augen geblinzelt und zugesehen, wie der Mann schwitzen und japsen mußte. Dann hat der Mann wieder geknipst — aber da war kein Nilpferd mehr zu sehen. Er hatte wieder nur das Wasser fotografiert. Und so ist es immer weitergegangen. Die Nilpferde haben den Mann hin und her rennen lassen, aber am Abend hatte er nur zwanzigmal das Wasser fotografiert, und die Nilpferde waren vergnügt, weil sie sich den ganzen Nachmittag nicht mehr gelangweilt hatten.

Die Geschichte von der Frau, die immer an etwas anderes gedacht hat

Einmal wollte eine Frau Wäsche waschen und Kartoffeln kochen und die Küche putzen. Sie hat aber an etwas anderes gedacht, und dabei hat sie den Eimer mit dem Putzwasser auf den Herd gestellt, und die Kartoffeln hat sie in die Waschmaschine geworfen, und das Waschpulver hat sie auf den Fußboden geschüttet. Dann hat sie gemerkt, daß alles falsch war. Sie hat schnell den Eimer vom Herd genommen und die Kartoffeln aus der Waschmaschine geholt und das Waschpulver aufgefegt. Jetzt wollte sie alles richtig machen. Aber sie hat wieder an etwas anderes gedacht! Sie hat das Putzwasser in die Waschmaschine geschüttet, und das Waschpulver hat sie in den Kochtopf getan, und die Kartoffeln hat sie in den Putzeimer geworfen. Als sie anfangen wollte zu putzen, sind überall die Kartoffeln umhergekollert, und als die Frau gerade die Kartoffeln wieder aufsammeln wollte, ist das Seifenwasser im Kochtopf übergekocht, und die ganze Küche war voll Waschbrühe. Die Frau hat gelacht und gerufen: „Jetzt ist die Küche wenigstens sauber!" Und dann hat sie wirklich alles richtig gemacht.

Die Geschichte vom gierigen Vogel

Einmal war ein Vogel so gierig, daß er nicht sehen konnte, wenn die anderen Vögel etwas zu picken hatten. Immer hat er sie weggejagt von den guten Beeren am Strauch, alles wollte er für sich allein haben. Da ist er einmal an einem offenen Fenster vorbeigeflogen, und im Zimmer hat eine Sahnetorte auf dem Tisch gestanden. Sofort ist der Vogel auf den Tisch gehüpft. Er hat den Schnabel aufgerissen, so weit er konnte, er hat ihn in die Torte gestoßen, so fest er konnte, — und schon hat er mit dem Kopf tief in der Sahne gesteckt. Er konnte nichts mehr sehen. Die Sahne hat ihm die Augen verklebt, sie hat wie eine große Mütze auf seinem Kopf gesessen, mit der Tortenkirsche darauf. Aber der Vogel wollte sofort noch mehr haben. Er ist hochgeflattert, er wollte sich mitten auf die Torte setzen. Aber er konnte ja nichts sehen, und so ist er in den Milchtopf gefallen. Da hat er nun in der Milch gesessen wie in einer Badewanne! Und er konnte nicht wieder heraus, der Topf war zu eng. Gerade ist die Frau ins Zimmer gekommen. Sie hat den Vogel einfach aus dem Fenster geschüttet. Unten auf der Straße mußten ihm die anderen Vögel die Sahne vom Kopf picken, damit er wieder etwas sehen konnte. Das hat den anderen Vögeln gut geschmeckt, und der gierige Vogel hat sich geärgert, weil er ihnen doch eigentlich nichts von der guten Torte abgeben wollte.

Die Geschichte vom Schwein, das Rosa heißen wollte

Einmal hat ein Schwein sich immer geärgert, wenn die Leute „Schwein" zu ihm gesagt haben. Es wollte lieber Rosa heißen. Darum hat es sich nie mehr schmutzig gemacht. Die anderen Schweine haben das Futter aus dem Trog gefressen, und sie haben dabei gegrunzt und geschmatzt, weil es ihnen so gut geschmeckt hat. Aber das Schwein, das Rosa heißen wollte, hat nur einen trokkenen Strohhalm gekaut. Die anderen Schweine haben aus den Pfützen im Hof gesoffen. Aber das Schwein, das Rosa heißen wollte, hat nur die sauberen Tropfen vom Wasserkran abgeleckt. Die anderen Schweine haben sich im Schlamm gewälzt und vor Vergnügen gequiekt. Aber das Schwein, das Rosa heißen wollte, hat daneben gestanden und sich die Füße am Gras abgeputzt. Es war jetzt immer sehr schön sauber, aber es ist immer dünner und dünner geworden. Es hatte keinen hübschen runden Bauch mehr und keine Speckfalten im Nacken, und sein Ringelschwanz hat traurig heruntergehangen. Da hat der Bauer zu ihm gesagt: „Du bist krank, du armes Schwein!" Und er hat ihm bittere Medizin ins Maul geschüttet. Da hat das Schwein gedacht: „Wenn Saubersein so schrecklich bitter schmeckt, dann will ich lieber doch nicht Rosa heißen." Es hat die Medizin wieder ausgespuckt und ist zum Trog gerannt und hat sich sattgefressen. Dann hat es eine riesige Pfütze leergesoffen und sich im Schlamm gewälzt, bis es überall dreckig war. Und dabei hat es wie die anderen Schweine vor Vergnügen gequiekt.

Die Geschichte vom grünen Fahrrad

Einmal wollte ein Mädchen sein Fahrrad anstreichen. Es hat grüne Farbe dazu genommen. Grün hat dem Mädchen gut gefallen. Aber der große Bruder hat gesagt: „So ein grasgrünes Fahrrad habe ich noch nie gesehen. Du mußt es rot anstreichen, dann wird es schön." Rot hat dem Mädchen auch gut gefallen. Also hat es rote Farbe geholt und das Fahrrad rot gestrichen. Aber ein anderes Mädchen hat gesagt: „Rote Fahrräder haben doch alle! Warum streichst du es nicht blau an?" Das Mädchen hat sich das überlegt, und dann hat es sein Fahrrad blau gestrichen. Aber der Nachbarsjunge hat gesagt: „Blau? Das ist doch so dunkel. Gelb ist viel lustiger!" Und das Mädchen hat auch gleich gelb viel lustiger gefunden und gelbe Farbe geholt. Aber eine Frau aus dem Haus hat gesagt: „Das ist ein scheußliches Gelb! Nimm himmelblaue Farbe, das finde ich schön." Und das Mädchen hat sein Fahrrad himmelblau gestrichen. Aber da ist der große Bruder wieder gekommen. Er hat gerufen: „Du wolltest es doch rot anstreichen! Himmelblau, das ist eine blöde Farbe. Rot mußt du nehmen, Rot!" Da hat das Mädchen gelacht und wieder den grünen Farbtopf geholt und das Fahrrad grün angestrichen, grasgrün. Und es war ihm ganz egal, was die anderen gesagt haben.

Die Geschichte vom Nashorn und dem Hasen

Einmal waren ein Nashorn und ein Hase auf einer Wiese. Das Nashorn hat Blätter vom Strauch gefressen, und der Hase hat an einem Grasbüschel geknabbert. Auf einmal wollte das Nashorn auch Gras fressen, es wollte gerade dieses eine Grasbüschel haben, nur weil der Hase daran geknabbert hat. Sofort hat es geschnaubt und gebrüllt und einen großen Anlauf genommen, und dann ist es losgerannt. Es wollte den Hasen auf sein Nasenhorn spießen. Der Hase hat gar nicht gewußt, weshalb das Nashorn auf einmal so wütend war. Er ist ein Stückchen zur Seite gehoppelt und hat sich geduckt und die Ohren angelegt. Da ist das Nashorn an ihm vorbeigerannt und hat sein Nasenhorn in die Erde gebohrt. Die Steine und das Gras sind nur so durch die Luft gewirbelt und dem Nashorn auf den Kopf und den Rücken gefallen. Davon ist es erst recht wild geworden. Es hat immer toller und immer wütender in der Erde gewühlt, und immer mehr Steine sind ihm auf den Kopf gefallen. Da hat es Angst gekriegt und ist weggerannt, so schnell, daß man nur noch eine Staubwolke sehen konnte. Der Hase hat ihm nachgesehen und den Kopf geschüttelt und die Ohren wieder aufgestellt. Dann hat er sich ein anderes Grasbüschel gesucht und gemütlich weitergefressen.

Die Geschichte vom schlauen Esel

Einmal hatte ein Mann sein Haus hoch oben auf dem Berg. Dorthin konnte kein Auto fahren. Darum hat der Mann sich einen Esel gekauft. Er hat ihm zwei Körbe über den Rücken gehängt, und so wollte er einkaufen gehen. Sie mußten über eine Brücke, und der Esel wollte gern das frische Gras am Bach fressen. Aber der Mann wollte nicht stehenbleiben. Da hat der Esel mit seinen langen Zähnen heimlich dem Mann das Geld aus der Tasche gezogen und auf die Straße geworfen. Viele Geldstücke sind in den Bach gerollt. Jetzt hat der Esel laut: „I-A!" geschrien, und der Mann hat sich umgesehen. „Ach!" hat er gerufen, „ich habe ja mein Geld verloren!" Er ist schnell zum Bach hinuntergeklettert und hat sein Geld wieder zusammengesucht. In der Zeit konnte der Esel sich schön sattfressen an dem frischen Gras. Dann sind sie weitergegangen. Der Mann hat zum Esel gesagt: „Du bist brav! Gut, daß du geschrien hast. Ohne Geld kann ich doch nicht einkaufen gehen. Du bist wirklich schlau!" Und der Esel hat mit dem Kopf genickt und mit seinen langen Zähnen gelacht und: „I-A! I-A!" geschrien.

Die Geschichte vom Hamster

Einmal hat ein Hamster ein Feld mit vielen guten Körnern gefunden. Er hat sich die Backentaschen vollgestopft und ist zu seinem Bau gelaufen und hat die Körner in seiner Vorratskammer ausgespuckt. So ist er zehnmal hin- und hergelaufen, dann war die Vorratskammer voll, und der Hamster war müde. Aber er hat gedacht: „Eine Vorratskammer voll Körner ist gut, aber zwei sind besser." Schnell hat er eine neue Vorratskammer gegraben und ist wieder hin- und hergelaufen und hat Körner und Körner herangeschleppt. Dann war auch die andere Vorratskammer voll, und der Hamster war so müde, daß er kaum noch laufen konnte. Aber er hat gedacht: „Zwei Vorratskammern voll Körner sind sehr gut, aber drei sind bestimmt noch besser!" Er hat also wieder eine Vorratskammer gegraben und noch mehr und noch mehr Körner geholt. Als dann die dritte Vorratskammer voll war, haben immer noch viele Körner auf dem Feld gelegen. Der Hamster wollte sie alle haben. Jetzt konnte er aber nicht mehr graben, er war zu müde. Er hat die letzten Körner einfach in seine Schlafkammer getragen. Aber auf einmal war es Winter, und alle Hamster sind in ihren Bau gekrochen und haben geschlafen. Nur der eine Hamster konnte nicht schlafen. Bis zum Hals hat er in seinen Körnern gesessen!

Die Geschichte
vom kleinen Hund mit dem Knochen

Einmal hat ein kleiner Hund einen Knochen gefunden. Gleich ist ein großer Hund gekommen, der hat geknurrt und die Zähne gefletscht und böse Augen gemacht und dem kleinen Hund den Knochen abgenommen. Jetzt wollte der große Hund den Knochen fressen. Aber da ist ein anderer großer Hund gekommen, der wollte auch den Knochen haben. Die beiden großen Hunde haben sich angeknurrt und die Zähne gefletscht und böse Augen gemacht. Sie sind immer im Kreis um den Knochen herumgelaufen, und einer hat nach dem andern geschnappt. Da ist der kleine Hund zwischen den beiden großen Hunden hindurchgeschlüpft und hat sich den Knochen geholt und ist schnell damit weggerannt. Die beiden großen Hunde haben gar nichts davon gemerkt. Sie sind immer weiter im Kreis herumgerannt und haben geknurrt und die Zähne gefletscht und böse Augen gemacht. Aber da war ja gar kein Knochen mehr! Den hatte der kleine Hund längst aufgefressen.

Die Geschichte vom Gähnen

Einmal hat ein Mädchen das Schwesterchen im Kinderwagen spazierengefahren. Das Schwesterchen war müde, es hat gegähnt. Da mußte das Mädchen auch gähnen. Die Frau vom Hutladen hat das gesehen, und gleich hat sie mitgegähnt, und die Leute an der Haltestelle und der Zeitungsmann und der Radfahrer, alle mußten auch gähnen. Gerade ist die Straßenbahn gekommen, und der Schaffner hat die vielen offenen Münder gesehen. Da mußte er gähnen und gähnen und konnte nicht weiterfahren. Der Mann im Lastwagen wollte wissen, warum die Straßenbahn so lange stehengeblieben ist. Er hat sich aus dem Fenster gebeugt, und sofort mußte er gähnen. Das haben die anderen Autofahrer gesehen. Sie haben gleich die Autos angehalten und gegähnt. Der Polizist wollte auf seiner Pfeife trillern. Alle sollten endlich weiterfahren. Aber er konnte nicht in die Pfeife blasen, er mußte auch gähnen. Bald haben alle Leute und alle Hunde und Katzen in der Stadt gegähnt, auch der Schornsteinfeger auf dem Dach und sogar die Regenwürmer in der Erde. Da war es aber schon Abend, und alle sind früh schlafengegangen.

INHALT

1. Die Geschichte vom Kind, das immer lachen mußte 4
2. Die Geschichte vom Floh und dem Affen . . 6
3. Die Geschichte von der Maus im Laden . . . 8
4. Die Geschichte von der Blumennase 10
5. Die Geschichte von den Brüllstieren 12
6. Die Geschichte von den Rosinenbrötchen . . . 14
7. Die Geschichte von der Schneekatze 16
8. Die Geschichte vom klugen Kamel 18
9. Die Geschichte vom Frosch und dem Brummer . 20
10. Die Geschichte vom eiligen Mann 22
11. Die Geschichte vom Schnuller 24
12. Die Geschichte von der Mücke 26
13. Die Geschichte von der Bachstelze 28
14. Die Geschichte vom Reisekind 30
15. Die Geschichte vom Springseil 32

16. Die Geschichte vom kleinen Seehund 34
17. Die Geschichte vom Huhn und dem Auto . . . 36
18. Die Geschichte vom Papagei 38
19. Die Geschichte von den Nilpferden 40
20. Die Geschichte von der Frau, die immer an etwas anderes gedacht hat 42
21. Die Geschichte vom gierigen Vogel 44
22. Die Geschichte vom Schwein, daß Rosa heißen wollte 46
23. Die Geschichte vom grünen Fahrrad 48
24. Die Geschichte vom Nashorn und dem Hasen . 50
25. Die Geschichte vom schlauen Esel 52
26. Die Geschichte vom Hamster 54
27. Die Geschichte vom kleinen Hund mit dem Knochen 56
28. Die Geschichte vom Gähnen 58

Einmal wollte ein Kind seine Suppe nicht essen. Die Mutter hat gesagt: „Ich will dich füttern." Da hat das Kind gesagt: „Die Suppe ist viel zu heiß!" Die Mutter hat in der Suppe gerührt. Jetzt war die Suppe gar nicht mehr heiß. Aber das Kind hat den Kopf zur Seite gedreht, und es hat gesagt: „Ich habe keinen Hunger. Ich will nicht essen, ich will spielen." Da hat die Mutter dem Kind eine Suppengeschichte aus dem Buch erzählt:

Siebenundzwanzig Suppengeschichten

von Ursula Wölfel

mit vielen bunten Bildern von Bettina-Anrich Wölfel

erschienen im

HOCH-VERLAG · DÜSSELDORF

ISBN 3-7779-0014-1
643.–660. Tausend
© 1969 by HOCH-Verlag, Düsseldorf
Druck: Hub. Hoch, Düsseldorf